フォーエバー・ヤング

イネス式アンチエイジング61の秘密

イネス・リグロン

幻冬舎

FOREVER YOUNG

by INÉS LIGRON

FOREVER YOUNG

フォーエバー・ヤング

イネス式アンチエイジング
61の秘密

はじめに

こんにちは、イネス・リグロンよ。私は三十代から四十代前半までを日本で過ごし、ミス・ユニバース・ジャパンのナショナル・ディレクターとして何人もの日本人女性を世界の舞台に送り込んできたわ。

日本が大好きだけど、今はシンガポールに拠点を置いています。ますます忙しい毎日を送っているわよ。シンガポールから、アジアへ。ファッションと美容をレクチャーする「イネス・スタイル」や、アジア諸国でのチャリティーイベント、また二〇一五年の春から、日本の女性たちを世界で活躍させるためのスクール「ワールドクラス・ビューティー・アカデミー（WCBA）」も日本で開講するわ。外見の美しさはもちろん、内面からの美しさ・自信・積極性・国際的マナー・立ち振る舞いなど、様々な角度から、私が今までたくさんの女性たちに教えてきたメソッドを学んでもらえたら嬉しいわ。好きなこと、やりたいことをして、走り続けていられるのは幸せなことね。

今回、本を出すにあたって、どうしても日本の女性に伝えたいことがありました。皆さん、正しいアンチエイジングをやっているかしら？

今まで幅広い世代の日本人女性たちに会ってきたわ。みんな嬉《うれ》しそうに挨拶してくれるけど、私はいつも疑問に思っていた。「一体、何を食べて、どんな生活をしているの？」って。年齢のわりに肌が美しくないし、老化が進んでいるってわかってしまうの。

私は今年五十二歳。この年齢で、どうしてここまでパワフルに働けるのか、若さを保っていられるのか。その秘密は、私が日々実践しているアンチエイジングにあります。

日本人には馴染《なじ》みが薄いかもしれませんが、ホルモンチェック。どのくらいの人が定期的に検査を受けているかしら？

受けていない人は、ぜひやってみてください。世界の女性たちはみんなふつうに受けていることよ。

定期的に検査を受けて、ホルモンバランスを保ちます。五十過ぎたらセックスしないなんて声も聞こえてきますが、セックスすることで、肌も瑞々《みずみず》しく整い、声も若々しくなれるものなの。

セックスで美しさをキープする！

その他、サプリメントにも気を遣《つか》っているし、毎日の身体《からだ》ケア、食事方法、ファッション、エクササイズも大事。コーヒーエネマもやっています。ほんのちょっとしたこだわりを持つだけで、十歳くらい若く見られるようになるわ。ココナッツオイルや私の食事に欠かせないオリジナルソース（日本食にも中華にもサラダにも合う万能ソースよ！）のことなど、教えたいことがたくさんあります。

私の人生で最大の達成は、こうして自分の身体をコントロールできるようになったこと。どれもそう難しくはないわ。心と身体を若く健康に保つメソッドは、どの世代にも役立つはず。

加齢が不安な女性にも、まだ若くて身体のケア方法を知らない女性にも、ぜひ私の秘密をシェアしてもらいたい。何歳から始めても決して早すぎないし、遅すぎもしないわ。

年を重ねることを嫌がる女性が多いけど、年をとったからって人生終わりじゃないのよ！

まだまだ先へ続くものなの。

若かった時代を振り返るのではなく、これからどんな未来があるか、わくわくして生きていきましょう！　“Stay healthy! Forever young!”

INDEX

FOREVER YOUNG ALBUM

FOREVER YOUNG

FOREVER YOUNG SECRET

1

二週間で人生は変わる

最初にまず、私のアンチエイジングの全体像を教えるわ。
基本的に日々次のようなアクティビティを行っているのよ。

オーガニック食材を使ったいい食生活を送る
サプリメントで栄養を補給する
バイオアイデンティカル療法を行う
エクササイズをして身体を動かす
断食やコーヒーエネマで定期的にデトックスをする

食生活ではオーガニック食材を、なるべく原形のまま食べるようにしているわ。逆に加工食品や砂糖、炭酸飲料は決して口にしません。同時に、適切なサプリメントをとって、身体に必要な栄養素を惜しみなく与える。

バイオアイデンティカル療法は、ぜひ日本の皆さんに知ってもらいたいこと。年をとって減ってしまったホルモンを、天然ホルモンのサプリメントをとることで補い、ホルモンバランスを取り戻すのよ。これにより病気や更年期障害を防ぎ、若さを維持できるし、セックスレスの解消にもなる。

大事なのは、人工ホルモンではなく、天然成分からできたホルモンを摂取する、ということよ。

人工ホルモンなのか、天然なのか、その見極めはきちんとしてください。

そしてエクササイズ。身体を若く保つには必須ね。

ブートキャンプ、スイミング、ピラティス、ヨガ、乗馬に、冬はスキー……。

私が好んでやっているエクササイズは、全ての筋肉を平等に動かすものばかりよ。偏った動きはしないようにしています。

最後に、いくら食事に気をつけても、大気汚染をはじめとする環境の影響で、現代人は身体に毒素をためてしまいがちです。断食やコーヒーエネマで体内毒素を排出して、身体をクリーンに保つことが大事です。

こうした日々のアクティビティを続けることで、年を重ねても健康で若々しくいられるし、病気にならない身体を手にできるの。

一説によれば、皮膚は一週間、腸壁は四、五日で入れ替わるとか。

だから私がいつも目安にするのは二週間。

二週間。ここに書いてあることを続けてみてください。
二週間。たった二週間であなたの人生は変わります。

FOREVER YOUNG SECRET

2

四十代で目覚めたアンチエイジング

二〇〇六年に、アメリカの女優スーザン・ソマーズの本を読んで、私はアンチエイジングに目覚めたの。自分の身体の問題が何につながっていたのか、彼女の本を通じてクリアになった。

三男を出産してから、気分が落ち込んで鬱《うつ》状態になっていたのだけど、ホルモンのアンバランスが原因だって、彼女に教えてもらったのよ。

そして同じ年に起きた事件が、トランポリンでの尿漏れ！

ミス・ユニバースのファイナリストたちと自宅のトランポリンで遊んでいたの。でもジャンプした途端、お漏らししちゃったのね。びっくりしたわ（笑）。

女性が年をとると尿漏れすることがあるって、そのとき知った。

当時はまだ四十代で、そんなに年をとってないのにってショックだったわ。だけど身体の老いは気持ちとは別に始まってしまう。胸が垂れてきたり、老眼になったり、ホルモンバランスが崩れたり……。

自分に老いが訪れたとき、誰にも相談できない人もいるでしょう。スーザンの本で私が目覚めたように、皆さんにもこの本がアンチエイジングのきっかけになってほしいわね。

FOREVER YOUNG SECRET

3

スーパーエイジング思考は禁止！

日本の女性はアンチエイジングが下手《へた》かと問われれば、残念ながら答えはYESよ。だけどスーパーエイジング、年をとるのは天才的に上手だわ。特に、見た目ではなく、メンタルの部分においてね。

日本の女性は肌が美しくて、若く見られることが多いけど、年を経《へ》て初老になった途端、老いぼれてしまう。なぜなら、頭の中で自分はおばあちゃんになっちゃったって思い込んでいるから。カルチャーも背景にあるのでしょうけど、その勝手な思い込みが、見た目を老けさせるのよ。

若いセレブやアーティストを追って、彼らの感性を学ぶのがいいかもしれないわね。私だったら、ビヨンセやアリアナ・グランデ。あとはEXILEについて尋ねたこともあるわよ。「EXILEってなに？　ワオ！　ホントニ？」って（笑）。

ただ、年をとってからの振る舞い方がわかっていない人もいる。中年になってもかわいい声で話したり、ちょっとお馬鹿な発言をしたり。不自然そのものよ。

気持ちが若いことは大事よ。でも若い人の振りをすることは、決してアンチエイジングではない、ということを理解しましょうね。

スーパーエイジング思考は禁止！　でも振る舞いは年相応に！

FOREVER YOUNG SECRET

4

皮膚は嘘をつけない

前述したように、アメリカの女優スーザン・ソマーズは、私に大きな影響を与えてくれた人。

自分で調べた乳がんの治療法やアンチエイジングのノウハウを本にまとめて、アメリカでブレークスルーを起こした人よ。

六十代後半なんだけど、その美しさは本物です。インタビューで話す声も、とても若々しいの。そして尊敬すべきなのは、彼女自らホルモン療法やがんの治療方法を研究して、日々実践していることね。とにかくエネルギーに溢《あふ》れた人なのよ。決して受け身じゃない。

スーザンは髪も多くて生き生きしている。足や手、皮膚にだって弾力がある。顔は整形でいじれるけど、身体の皮膚は嘘をつけない。皮膚のハリは、彼女がエネルギーを持って美容・健康法に取り組んでいる証拠よね。

もう一人、私が尊敬する人。それは八十近い私の母よ。今もジムに通っています。それもインストラクターとしてね！　やっぱり元気な皮膚を維持しているわ。

スーザンや私の母が持つ、前向きの若々しいエネルギーを共有しましょう。

FOREVER YOUNG SECRET

5

栄養がゴージャスな身体を作る

アンチエイジングの第一は、自分の身体を健康に保つことよ。日本の女性には、健康に関するガイダンスが必要だと思っているわ。

日本人の食生活は昔と大きく変わってしまった。外食もするし、ファストフードもよく食べるのに、痩せなきゃいけないという強迫観念が強い。

例えば、若い女性は痩せるために、コンビニの小さなケーキ一個で一日を過ごそうとする。栄養が全くとれていない。さらに深刻なのは出産後の女性。崩れた体形を元に戻そうと躍起《やっき》になって過酷なダイエットを繰り返す。

細くなきゃ、細くなきゃ、っていう考えでいっぱいで、栄養まで頭が回らない女性がなんてたくさんいるでしょう。

だけど、第一にあなたたちは正しい食事をとらなきゃいけないわ。まず栄養。そうしないと決して健康になれないし、ゴージャスな身体は手に入らない。正しい食事を続ければ、体重は自然と落ちます。

綺麗に見える服やメイクのことはいったん置いといて、栄養に関する知識をまず身につけてほしいわ。

FOREVER YOUNG SECRET

6

緑の野菜、香菜はグッド。加工・精製食品、炭酸飲料はNG

私は食べることが大好きよ。何が食べられないのかより、何が食べられるのかを、ポジティブに考えるようにしているわ。

私が積極的にとり入れようと心がけているもの。まずはアーモンドと、ココナッツオイルやオリーブオイル、緑の野菜。ブロッコリーや芽キャベツは、デトックス効果があるからオススメね。香菜も抗がん作用と解毒作用があってグッドよ。オーガニック食材そのものを食べるようにしているの。

炭水化物は玄米か、グレインブレッド。ちなみにパスタが好きなので、時々食べています。お肉はラムがベストだけど、チキンもいいわね。

お肉と炭水化物を同時に食べるのはやめてね。太る原因よ。お肉を食べるときは野菜と一緒に。そして消化をよくするために、よく噛んで、ゆっくり食べましょう。

逆に避けているのは、加工や精製されている食べ物。ソーダなどの炭酸飲料も絶対に飲まない。特に人工甘味料のアスパルテームは、私にとっては毒も同然よ。トイレに捨ててほしいぐらい。

揚げ物もNGよ。何の油を使っているのかわからないものは避けましょう。マグロや深海に棲《す》むような大きな魚は有害な水銀を含んでいる可能性があるわ。近寄らないこと！

FOREVER YOUNG SECRET

7

キャビネットに欠かせないオイルとスパイスはこれ！

まずは良質なオイル。

オリーブオイル、ココナッツオイル、フラキシードオイルの三つは、身体に与えてあげると頭の回転がよくなり、太ることもありません。必ずエクストラバージンオイルを購入してね。

そしてスパイス。

ガーリック、ウコン、ガラムマサラ、そしてクミンとターメリック。これらは野菜の味付けに欠かせないもの。混ぜるときは、プラスチック以外のスプーンを使っているわ。クミンとターメリックは抗がん作用があり、さらにターメリックは野菜の酸化を防ぎます。この二つは、最高の保険と思ってちょうだい。

そして、塩はヒマラヤ産のピンクソルトを。標高が高い場所から採れた塩は、汚染も少なく、ミネラルが豊富でベストよ。

ミネラルが多い塩はアトピーにも効果があるといわれているわ。アトピーに悩んでいる人は、ピンクソルトを入れたお湯にタオルを浸し、それで患部を巻いてみてはどうかしら。お風呂にピンクソルトを入れている人もいるわ。

いい塩にはプラダのバッグ以上の価値があるのよ。

FOREVER YOUNG SECRET

8

朝は水分と繊維質から

朝食前にコップ一杯の水を飲んでいるの。浄水フィルターが付いたキッチンの水道水よ。フィルターはアメリカで購入したお気に入り。

朝ごはんはベイビーオーツといって、オーツ麦の粒を小さくしたものをいただくわ。本来は赤ちゃんの離乳食に使うものだけど、すぐふやけて消化がいいの。それにライスミルクかアーモンドミルクをかけるのよ。どちらも加工されてないミルクだから甘さに欠けるんだけど、お砂糖なしのチョコレートやココナッツフレーク、フルーツを入れればいろんな味を楽しめる。ロイヤルゼリーを入れるときもあるわよ。必ず何かを入れて味を変えているから、毎日同じ食材でも飽きないの。ちなみにフルーツは、プルーンか洋梨、そしてリンゴね。

朝食と一緒に飲むのは緑茶かコーヒー。朝はカフェインもとります。朝食が終わったらサプリメント。これが私の鉄板朝食メニュー。

FOREVER YOUNG SECRET

9

昼は野菜とタンパク質、そして良質なオイルもしっかりとる

ランチとディナーは、野菜とタンパク質をメインに。それにナッツ類かオイルを使うことで油分も補給するの。メインプレートにはたっぷりの野菜を入れてね。そこに質のよいタンパク質、ラムかチキンか魚を一緒にいただく。

例えばこないだ私が作ったのは、オーガニックキャベツをココナッツオイルでたっぷり炒めたもの。水も多めに入れるので、炒めるというより、ゆがくといってもいいかもね。それにターメリックとナッツを入れて完成。オフィスへ持っていって、スタッフ全員で楽しんだわ。

ランチは外で済ますこともあります。シンガポールにはベジタブルレストランが多いの。そこでは野菜や玄米が中心ね。中華料理は残念ながら、あまり食べないの。よくない油を使っていることが多いから。

夜も、食べる食材はほとんど変わらないわ。スパイスを変える程度ね。もちろん日によって調理方法は変えるし、果物をとるときもあるわ。

FOREVER YOUNG SECRET

10

砂糖はNGよ！

おやつや間食は、いつも食べているわけじゃないわ。食べるときは、やっぱりナッツか、ドライフルーツね。精製されたお砂糖はよくないので、自然の甘みがあるスナックを選ぶわ。

でも最近は、空腹時はおやつの代わりにココナッツオイルでうがいをしているのよ。口の中のバクテリアを殺す効果があって、空腹感が抑えられるのよ。

あとはオイシックスとコラボレーションしたチョコレートバーも好きだわ。オイシックスは、有機野菜など安心できる食材を販売しているから、元々よく利用していたの。

こうして一日の食事を見ると、素晴らしく健康的な女性よね、私（笑）。

FOREVER YOUNG SECRET

11

A型の人は肉食を控えて

実は最近、お肉などの動物性の食べ物をあえて食べないようにしています。というのも、このところ血液型別食事メソッドにトライしているから。私の血液型はA＋で農耕民族を祖先に持つタイプ。このタイプは肉食を控え、野菜を多めに食べた方が身体の具合がいいという考え方なの。

この食事法を始めてから、おかげで体重が減ってダイエットになったし、体臭も変わってきたわ。野菜を多くとっているから消化もしやすくなり、無駄なエネルギーが使われなくなった。

日本人も私と同じA型の人が一番多かったはずよね？　このメソッドによればA型は本来肉食に向いていないはずよ。ダイエットをしたい人は、ぜひ一度トライしてみてちょうだい。

FOREVER YOUNG SECRET

12

カルシウムは良質な野菜から

カルシウムをとるには、もちろんサプリメントもいいけれど、私はオーガニックの野菜や魚からもとるようにしているわ。世間では牛乳がいいとされているけど、乳牛にホルモンが打たれている場合があるから、私はオススメしません。

カルシウムのためにとってほしいのは、まず白インゲン豆。魚だとサーモンやイワシ。他にはドライイチジクやパクチョイね。パクチョイはチンゲン菜の仲間よ。以上の食材がベストだけど、日本食ならわかめや豆腐もいいわね。

そしてカルシウムのサプリメントをとったり、食材を食べたときは、ビタミンDのサプリメントも必ず一緒に身体に入れてください。ビタミンDは体内でカルシウムの吸収を助けてくれるからよ。

ビタミンDは日光浴で生成されるから、サプリメントをとらない場合、日に当たることを意識してちょうだい。

FOREVER YOUNG SECRET

13

私のオリジナルソースをご紹介するわ

和食には醤油が欠かせないものだけど、私は餃子《ギョーザ》や小龍包《ショウロンポウ》など点心を食べるときぐらいかしら。でも醤油を使った万能ソースはよく利用しているわ。その私のお手製オリジナルソースのレシピをご紹介します。

メインで使うのは、醤油としょうが、それにお酢。

醤油とお酢を混ぜたものに、オーガニックのしょうがを入れます。しょうがはすりおろすか、細かく刻んでね。

それだけのシンプルなソースなんだけど、豆腐にかけて食べるのが一番美味《おい》しいわ。日本の人は、豆腐に醤油をかけるのが一般的かもしれないけど、私はこのソースをかけるのが好き。

さらにこれにオリーブオイルを加えれば、ドレッシングとしてサラダに使えます。

日本食にも中華にもサラダにも合う万能ソースよ。これで身体にいいものをたくさん食べて、美しくなりましょう。

FOREVER YOUNG SECRET

14

寂しさとお酒は
バッドサイクルの始まり

人間は動物だから、日が暮れて夜になれば、エネルギーが落ちてくるわ。そのとき、人は気分が落ち込んでしまう。心細くなってしまって、つい夜遊びしちゃうのね。友達とお酒を飲んで、気を紛らわせるの。でも、一時は楽しくても、翌朝ものすごく疲れてしまわない？　そして、そのまま仕事に出かける。

これを繰り返すと、疲れがどんどんたまって、しまいには疲れ果ててしまう。悪いサイクルのできあがり。

私自身は、あまりお酒はいただかないわ。友達と遊びに出かけたとき、ディナー後に飲むことはあるけれど、お酒をすごく飲みたいと思うことはほとんどないわ。アルコールは種類によって砂糖を多く含んでいる。砂糖をとると太る体質だから、そういうお酒は遠ざけているの。

夜、お酒がやめられない人は、習慣を見直してみてはどうかしら。お酒を飲まずに思い切って寝て、早く起きるようにする。そしていい食事とサプリメントで健康管理してグッドサイクルを！

FOREVER YOUNG SECRET

15

私を輝かせてくれるサプリメント！

私の生活にサプリメントは欠かせないものよ。

食事の前後だけではなく、一日中携帯しているわ。種類は四十以上になるかしら。テレビやインタビューでの私を見た人は、「いつもお元気ですね」とか、「エネルギーに溢れていますよね」と言ってくれるけど、このエネルギーはサプリメントに支えられているといっても大げさではないわ。

日中は忙しいから、常に頭も身体も動かして、とても疲れるわ。だけど、いざ夜寝るとなると、目が冴えて眠れない。しっかり寝て次の日もたくさん働かなきゃいけないのに。そういうときはメラトニンを飲むと、寝付きがよくなります。私は消費しやすい身体だから、食事のカロリーだけじゃ足りない栄養素もサプリメントで補給して、健康を維持している。

私が元気で輝いていられるのは、元々の性格や身体のおかげだけではなく、こうしてベストタイミングでベストのサプリメントをしっかりとっているから。

自分で最大限、努力しているのよ。

私にもできるんだから、これを読んだ皆さんもできるはず。サプリメントの活用法をぜひ知ってほしいわ。

FOREVER YOUNG SECRET

16

アンチエイジング四大サプリメント！

どのサプリメントをとるべきかは人によって違うけど、誰にでも必須の四つをご紹介するわ。

「マルチビタミン」「マルチミネラル」「オメガ3」、そして「ビタミンBコンプレックス」、この四つよ。

マルチビタミンは髪や目に、マルチミネラルは便秘に効果的なの。野菜や果物だけでは十分な栄養はとれないから、これらのサプリメントで補うのよ。

オメガ3はオメガ3脂肪酸、フィッシュオイルのカプセルよ。良質な脂質をとる上で欠かせないサプリメント！

ビタミンBコンプレックスは、ビタミンB群のこと。八種類のビタミンBの総称ね。このサプリメントは、新陳代謝を助け、疲労回復効果があるわ。皮膚と粘膜にも働きかけるから、綺麗な肌がキープできるの。

フィッシュオイルとビタミンBコンプレックスは、気分が塞《ふさ》いだときにもとても効果的よ。

FOREVER YOUNG SECRET

17

身体というエンジンに、オイルを注入してあげて

オメガ3脂肪酸をなぜ必須サプリメントに挙げたのか、理由をお教えするわ。まず人も車と同じようにオイルがないと動けない。忙しい現代人は、良質な脂質をとらなくては絶対ダメ！

日本人はかつては新鮮な魚を食べる良質な食生活を送っていたけれど、残念ながら今は魚を食べる機会がぐんと減ってしまった。そして和食にオイルをほとんど使わないせいか、日本人はオイルをとるのに抵抗を感じるようね。特に女性は痩せること、細くなることを意識するあまり、オイルフリーの食べ物を選びがちね。でも、一つ一つの細胞にオイルを注《さ》してあげないと、頭は働かないし、髪も肌もカサカサになって逆効果よ。サプリメントか、エクストラバージンオイル、またはサーモンを食べてちょうだい。

例えばオイルといっても、アメリカ人が食べる揚げ物は質の悪い油でフライしている。それに砂糖や塩がたっぷりかかっているから、肥満につながりやすい。

日本人はオイルが足りないから、細くて肌がカサカサな人が多いけど、アメリカ人は逆で、太った人が多い。

大事なのはバランス！　良質なオイルをとることで、痩せすぎでも太りすぎでもない、均整がとれた体形を目指しましょう。

FOREVER YOUNG SECRET

18

サプリメント選びにご注意！

サプリメントは、どこで売っているものでもいいわけではないわ。

残念だけれども、日本で売られているものは、含まれている成分が少なかったり、あまりオススメできない製品も見かける。いくら飲んでも身体に効果が現れないなら、意味がないわね。

例えば、鬱の症状に効くナイアシンフラッシュという療法があります。ナイアシンはビタミンB群の一つ。精神的な不安を和らげる効果があるのよ。でも日本のサプリメントだとほとんど扱いがないの。

日本は、ヨーロッパやアメリカ、オーストラリアと薬品検査の基準が異なるようね。質がよくない原料を入荷して、日本で生産して売っていることもあるみたい。

サプリメントを購入するときは、できればオンラインで、海外のメーカーから購入してはどうかしら。日本語のサイトから購入できるアイハーブドットコムは、サプリメントだけではなく、オーガニックの食品や化粧品まで、幅広く取り扱っていてオススメです。

私のホームページでも紹介しているので見てみてね。

http://www.inesligron.com

ベスト・サプリメントのリストよ！

私は日々四十種類以上のサプリメントをとっているけれど、その一部をご紹介するわね。

前述した四つのサプリメントは必ずとってほしいもの。

以下のサプリメントは、自分のコンディションに合わせてね。

亜鉛	女性でも髪が少なくて悩んでいる人にオススメよ。抜け毛の予防に効果的なサプリ。それ以外にも免疫力を高めたり、味覚異常を防いだり、とても重要なミネラルよ。
セレニウム（セレン）	抗酸化作用があるので皮膚や器官の老化を遅らせてくれる、アンチエイジングとしてオススメしたいサプリ。抗がん作用もあるわ。
ビタミンD3	ビタミンDは、太陽光を浴びることによって作られる栄養素で、カルシウムの吸収を助けて骨を強くするわ。女性は年を重ねると骨粗鬆症になる人が多いから、中年以上の女性はできればとってほしいわね。
コエンザイムQ10	人間のエネルギーは、細胞内にあるミトコンドリアから生産されます。コエンザイムは、そのミトコンドリアに含まれている物質。抗酸化作用があるので、アンチエイジング対策に必須よ。

メラトニン	五十歳を過ぎると寝付きが悪くなるけど、これを飲むことで自然にぐっすり眠れるの。隣に寝ている夫のいびきもすごいから、絶対に欠かせないわ(笑)。
GABA(ギャバ)	これも、まとまった睡眠がとれて頭の中のノイズをなくせるの。毎日電話やメールに追われているけど、夜寝る前にこれを飲むとリラックスして眠ることができます。
プレグネノロン	ホルモンの原材料となるため、「ホルモンの母」ともいえるものね。記憶力の低下を防ぐ効果があるわ。
TMG(トリメチルグリシン)	これも夜にとっているサプリメントの一つ。記憶力がよくなるし、肝臓の働きをサポートします。
アンチオキシダント	抗酸化作用がある物質を集めたサプリメント。乳がんの予防ができます。
アミノ酸	疲労回復や肌にいいとされているわね。私の場合、ヨーグルトやシリアルに入れて、摂取しているわ。
クロレラ	高血圧やコレステロール値の改善に効果ありよ。タンパク質やミネラル、ビタミンが豊富で、抗酸化作用もあるの。野菜不足が気になる人にオススメするわ。

FOREVER YOUNG SECRET

19

ホルモンチェックを定期的に受けましょう

私がこの本で伝えたいことの一つ、それは病院でホルモンチェックを受けてほしいということよ。自分のホルモン値を定期的に調べ、それに沿って天然ホルモンを補給するの。これをバイオアイデンティカルホルモン療法といいます。

若い女性も受けるべきだし、三十代半ば以上の女性はマストで行うべきよ。

なぜなら体内の女性ホルモンは、年を重ねるにつれて減っていくものだから。

日本人女性の多くが抵抗意識を持つようだけど、補給をすれば更年期障害が軽減され、若々しさを保つことができる。性欲の減退も抑えられて、セックスライフも維持できる。アンチエイジングとして、とても効果的なのよ。

ホルモンの補給方法は、飲み薬や貼り薬、ホルモン入りのクリームを肌に塗る、などがあります。

どの方法にするかは、病院のお医者さんに相談してください。

一番気をつけてほしいのは人工的に作られたホルモンよ。これは絶対に使わないで！　副作用があって、逆に悪い影響を身体に与えます。

天然ホルモンのみを補給する。きちんと処方してくれる病院で、チェックを受けましょう。

FOREVER YOUNG SECRET

20

バイオアイデンティカル療法でセックスライフを

私の場合は、四ヶ月から六ヶ月に一回はホルモンチェックを行っているわ。ホルモンバランスに人一倍気をつけているからチェックを怠らないけれど、普通の人は一年に一回程度でOKよ。

チェック方法は血液検査。体調は日々変わるものだから、定期的にチェックすることによって身体の不調の原因をつきとめることができるのよ。

例えば、いつもお腹が張ってしまっていたり、頭痛がしたり、眠くてたまらなかったり。あとは気分が塞いだり、ずっと元気が出なかったりすることも、ホルモンのバランスが崩れているせいかもしれない。

そして何より大事なのがセックスライフです。私は女であることを捨てたことは一度もないわ。女であり続けるにはどうするか、夫と向き合うにはどうするかを常に考えている。日本の女性は性欲を抑えて、セックスアピールをしないわよね。私は、女性はいくつになってもセックスライフを楽しむべきだって、日本の女性に伝えたい。

特に出産した後や、五十を超えると、セックスをしなくなる女性が多くなるようね。

女性ホルモンの観点から言えば、ホルモン値の低下がそのまま性欲の低下につながります。セックスレスのカップルの悩みもよく聞くわ。

年齢によってホルモンが減るのは、自然なことだから仕方がない。でも世界の男女を見てみなさい。皆、セックスしてるのよ。

私はバイオアイデンティカル療法をやっています。プロジェストクリームという、天然ホルモンが入ったクリームを処方してもらっているのよ。これをボディクリームのように皮膚の薄いところに塗って、ホルモンを補給するの。

ホルモンバランスをとれば、脳はあなたの身体はまだ若いって考えるから、年をってもセックスを楽しむことができるの。

セックスすることで、肌も衰えにくく、声も若々しくなるから美しさをキープできる。私が住んでいるシンガポールでは、このプロジェストクリームは六十ドル程度で手に入ります。高価な化粧品よりもずっと安いでしょう？

あなたの夫やパートナーも、あなたが美しくいてくれた方が嬉しいと思うわ（笑）。

女として愛されることは、人生において幸せなこと。ホルモンバランスで若さをキープし、パートナーとのセックスを楽しみましょう。

そして先ほども触れたけれど、気をつけなければならないのが、人工ホルモン。これは身体に毒なので手を出さないで。天然ホルモンのサプリメントを処方してくれるお医者さんを探しましょう。

次のページで詳述するけれど、セックスライフに欠かせないホルモンは次の四つよ。

エストロゲン、プロゲステロン、ＤＨＥＡ（デヒドロエピアンドロステロン）、テストステロン。

この四つのバランスをうまく保てますように。

ホルモン系サプリメントのリストよ！

バイオアイデンティカル療法で使われる、ホルモン系サプリメントはこちらよ。

エストロゲン

いわゆる女性ホルモンね。女性らしい身体のラインを作り、排卵を起こすのもこのホルモンよ。だからアンチエイジングにとって重要なホルモンの一つといえるわね。

性欲にも関係するから、セックスするときに濡れなくて性交痛を感じる人はこのホルモン値が低い可能性があるわ。でも、逆に多すぎると乳がんを引き起こす原因にもなるから注意が必要ね。

プロゲステロン

これも女性ホルモンの一つ。生理不順で悩んでいる人は、このサプリメントをとるといいわ。他にも気分が落ち込みやすい人にとって、精神不調を和らげる効果があるといわれているわ。自分に自信がない人、ハッピーと思えない人はチェックしてみて。

DHEA（デヒドロエピアンドロステロン）

日本人にはあまり知られていないホルモンでしょうけど、フランスの女性にとって、このサプリメントはジョークに出てくるぐらい常識なの。例えば女の子同士のディナーで、「最近セックスする気も起きないし、落ち込みがちなのよね」って言う子がいたら、「DHEAとってないからでしょ？」ってみんなが返したりね。

男性ホルモンの一種なんだけど、どんな良質のフェイスクリームよりも効き目がある、「若返りの水」って呼ばれているわ。若返りホルモンとして大事なサプリメントの一つね。

テストステロン

これも男性ホルモンの一種。筋肉や骨格を増強させるホルモンね。

このサプリメントをとると、男性はインポテンツや男性更年期の改善に効果があるの。女性にとっては、性的能力の改善に効果ありよ。オーガズムを感じにくくなっている人に効き目があるはず。

FOREVER YOUNG SECRET

21

遅延型フードアレルギーをチェック！

ホルモンチェック以外にもオススメしたい検査をいくつか紹介するわ。

まずはＩｇＧと呼ばれる遅延型フードアレルギーの検査。これも採血して行います。

遅延型とは、発症までに数時間か数日かかるアレルギー症状のこと。原因不明の下痢や頭痛、蕁麻《じんま》疹《しん》があったとしたら、このアレルギーかもしれないわね。自分が好きな食べ物が、実はアレルギーを起こすものだったりすることもあるのよ。好物だからこそたくさん食べて、体調を悪くしてしまうのね。

乳製品や卵、グルテンというタンパク質が含まれる小麦が、実はアレルギーの原因になっていることがあります。人によってはアトピーとして表れることもあるので、ぜひきちんと調べてほしいわ。

病院で検査をしてもらうのが一番だけど、自分でチェックすることもできるのよ。

例えば今日から一週間、乳製品を食べないことにして、体調をチェックしてみるの。そして、翌週は卵を断《た》ってみて、さらに次の週は小麦粉を食べないことにする。そうして、もし症状が軽くなったとしたら、そのときに食べていないものがアレルギーの原因というわけ。

なかなか症状に気づきにくいアレルギーだからこそ、一度検査を受けてみるといいでしょう。私は毎年一回は必ず受けるようにしています。

FOREVER YOUNG SECRET

22

有害な金属から身を守る

もう一つの検査は、重金属検査。

これは尿検査で結果が出ます。これによって、自分の体内に有害金属やミネラルが、どれくらいあるのかがわかるのよ。有害金属は、水銀、ヒ素、アルミニウムなどいろんな種類があるわ。これらの量が多ければ多いほど、病気を引き起こす可能性が高い。

検査の結果、もし有害金属のどれかの数値が高かったら、薬を飲んだり、点滴をするなどして、尿とともに排出させます。薬は必ずお医者さんに処方してもらって、指示に従ってね。

有害金属は、とにかく体内に入れないよう予防が大事よ。私は、キッチンの水道には浄水のフィルターを付け、アルミの鍋や缶詰は避けるし、マグロなどの大型魚は食べません。前にも書いたけど、マグロ類や深海魚には水銀が含まれているといわれます。食べすぎには注意が必要よ。

日本人は日常的に魚を食べるけど、水銀が含まれている可能性がある魚はほどほどに！

FOREVER YOUNG SECRET

23

乳がん検査で がんの発症を抑えましょう

最後は乳がん検査。

これは女性ならば、必ず受けてほしい。最近は、マンモグラフィー検診に対してデメリットが多いという指摘もありますね。私は、エコー検査と触診をオススメするわ。最初はこれらの検査を行い、マンモグラフィーについては病院で相談してください。

そして、セルフチェックもしてほしい。

できれば毎週二回、自分の乳房を触って確認してみて。二本か三本の指で、右回り、左回りとたどって、しこりがないか調べます。

私自身は、乳がん検査は半年に一回受けているわ。というのも、十八歳のときに乳がんになる前のしこりが見つかったから。自分は、がんになりやすい体質と知ったのよ。

日本は婦人科検診の受診率があまり高くないと聞いたことがあるわ。婦人科に行くのが恥ずかしかったり、ネガティブなイメージがあるのかしら?

だけど若い女性なら二年に一回、四十歳を過ぎたなら必ず毎年受けるべきよ。がんの発見は早ければ早いほどいい。

早期発見が大事なの。

がんが発症する前に予防を心がけてほしいわ。

FOREVER YOUNG SECRET

24

ぽっくり死ぬのが理想

私が紹介した食事やサプリメント、そしてホルモン療法や検査の、種類の多さと頻度に驚く人もいるんじゃないかしら。

確かに私は、人一倍健康に気をつけていると思います。きっかけは前に書いたとおり、十八歳のときのしこりの発見よ。ある日、胸の脇に塊を見つけたの。最初に行った病院では問題ないと言われたけれど、疑問が残ったから別の病院に行った。そこでチェックしてもらったら、乳がんになる前の腫瘍《しゅよう》とわかった。

それからがんの予防に努めました。全ては愛する家族と友人のためよ。

そして今は食べ物に気をつけ、定期的に検査をして自分の健康を管理しています。がんを予防できているはず。

もしあのときしこりをきちんと調べなかったら、今の私はないでしょう。好きなように食べて、お酒を飲んで、お砂糖も摂取して、とっくにがんを発症していたと思うの。

私は死ぬのが怖いんじゃないの。ただ、ぽっくり死にたいだけ。身体の臓器が悪くなって、苦しんで死んでいくのが嫌なの。

美しいまま、ぽーんと死にたいわね（笑）。そして死ぬまでは加齢を楽しんでいきたいわ。

FOREVER YOUNG SECRET

25

忙しくても、筋肉は鍛えるもの

日本だけではなく、今、世界中の女性は仕事に一生懸命でとても忙しいわ。その中で一体何人の女性がジムやスポーツに打ち込んでいるのかしら？　脂肪を落とし、身体にトーンをつけるには筋肉が不可欠。いい筋肉をつけるには、ヨガだけでは不十分なの。

今、私がオススメしたいのは、グウィネス・パルトロウのトレーナーで有名なトレーシー・アンダーソンのエクササイズ「メタモフォシス」や、ジリアン・マイケルズのエクササイズよ。ジリアンのブートキャンプはYouTubeで公開しているから、好きな時間に家でできるのよ。元々ぽっちゃりだった彼女が、痩せるために独自に生み出したこのブートキャンプ。彼女の現在の素晴らしいプロポーションを見ると、説得力があるわよね。

負担の少ないウェイトトレーニングで、腹筋や手足を二十分間続けて鍛えます。まずは一ヶ月プログラムを週に三日続けてみて。時間のない女性も、効果が実感できるはずよ。

ただジャンプなどのハードな動きも多いから、騒音が気になる人は、私のＤＶＤ「イネスシークレット」をチェックしてみて。環境に合わせた静かなエクササイズも紹介しているわ。

FOREVER YOUNG SECRET

26

身体を動かす趣味を見つけましょう

乗馬は趣味の一つだけど、これが同時にいいエクササイズにもなっているわ。五歳の頃からずっと続けているの。というのも元々実家で馬を飼っていて、馬と一緒に育ったの。両親ももちろん乗るし、たまたまそういう環境で育ったのよ。

乗馬はお尻が鍛えられるし、乗り方も上級になると体力がいるから、インナーマッスルが鍛えられるのよ。

アンチエイジングのためにエクササイズは不可欠なものだけど、義務としてではなく、こうして趣味としてやってはどうかしら。趣味だとリラックスできて、義務として鍛えるよりストレスがないわ。

私は他にも、車やバイクの運転、スキーが大好きなの。アドレナリンが出るようなスピード感のあるものが好きなのよ（笑）。

身体を動かす趣味を見つけるのも、長く健康でいられる秘訣ね。

FOREVER YOUNG SECRET

27

秘密のデトックスメソッド、それはコーヒーエネマ

私の一番のシークレットをお教えするわ。それはジューシングダイエットとコーヒーエネマ！

ジューシングダイエットは、オーガニックの野菜や果物をジュースにして飲むのよ。私の定番メニューは、人参五本に対してリンゴ一個を用意し、それをジューサーにかけて飲むだけ。これでビタミンやその他の栄養素を摂取します。

同時に行うのがコーヒーエネマ。オーガニックコーヒーを腸に入れて、体内の老廃物や毒素を排出させるのよ！

まずコーヒーを注入して、肝臓がある右側を下にして横になります。お腹をマッサージしながら十五分間横たわってちょうだい。そして注入した液体を全部出す。肝臓へ行き渡った分は、血液を通して全身をめぐり、尿となって排出されるの。

この二つを毎日行うのが、私のアンチエイジングで一番のシークレット。旅行中もスーツケースに入れて持ち歩いているわ（笑）。

このトリートメントで身体を綺麗な状態に保っているの。車のエンジンを錆《さ》びさせないようなものね。

FOREVER YOUNG SECRET

28

断食で身体をリセット！

人間の身体って何十年も動き続けているでしょ？　寝ている間も、体内の臓器がずっと働いている。これをいったん休ませるのが大事。

私は、できれば毎年二回ファスティング、断食をやるようにしているの。お腹の調子が悪い人はトライしてみては？　ファスティングをやり終えると、食事のことをしっかり考えるようになるのがいいわ。これが身体にいい、これを今、身体が欲しているって、口に入れるものを一つ一つ考えられるようになった。

ちなみに私がトライする断食は、数日間全く食べないプログラム。一番レベルが高いから初心者には難しいかもね。五日間で、二時間おきに与えられたジュースを飲むプログラムもあるから、それだけでも十分、内臓を休められるはずよ。

前述したエネマは、若くて普段から健康に気をつけている女性なら、そこまでやる必要はないかもしれないけど、断食は、体調が悪かったり、不規則な生活で太ってしまった人には特にオススメのアクティビティよ。

FOREVER YOUNG SECRET

29

あえて言うわ、私の情報を鵜呑みにしないで

ここまで私がアンチエイジングのために実践しているメソッドを紹介してきました。でも、これをそのまま鵜呑《うの》みにしてはいけません。

私はいろんな人を助けたくて、情熱を持って、自分の持っている知識をお話ししています。だけど、本でイネスがこう言っているから百パーセントこうなるとか、言われたことを完璧にやらなきゃいけないとか、思い込んではダメ。世の中はいろんな情報が溢れていて、百パーセント正しいものなんてないの。皆さんには、私の情報を元に、自分にとっては何がベストかを考えてほしいわ。

「イネスはこう言っているけど、今の私にコーヒーエネマは必要かしら?」「このサプリメントはこういう効果があるのね。じゃあ自分でこれを調べてみようかしら?」と考えて、そして選択して行動してほしい。

日本人は一人がやるとみんな同じことをやる。イネスがやるから、やる。あなたにこの方法がマッチしているからではなく、ブームだからやる。それではただの思考停止よ。美しい女性は、人に言われるままには動かない。

自分で自分のことを決めてちょうだいね。

FOREVER YOUNG SECRET

30

背筋を伸ばしましょう。
正しい姿勢が美につながるの

姿勢はファッションと同じぐらい大事なものよ。細く見せたり、背を高く見せたり、自信があるように見せたり、そして何より年齢を感じさせないことにつながってくる。

正しい姿勢や正しい身体の動かし方で、その人を若く見せることができるの。日本の女性は猫背が多いといわれるけれど、私に言わせれば、周囲の目線を忘れている人が多いわね。

例えばオーディションや面接では、胸を張って手を膝に置いて姿勢を正しくしていても、目の前に人がいなくなった途端、姿勢を緩めてしまう。落差が激しいの。あとは遅刻して部屋に入るとき、大勢の前で猫背になって、すみませんすみません、と謝りながら入っていくことはない？ 自分の姿を消したくて、腰を曲げて猫背になっているのかしら。

日本のカルチャーという面もあるのでしょうし、インターナショナルになれ、なんて言うつもりもないわ。だけど現代の日本人にはもう合わない。こういう行為は女性を醜く見せるだけなの。絶対に直さなくてはダメ。

これを読んだ瞬間から、姿勢を意識してほしいわ。たとえ周りに人がいなくてもね。

FOREVER YOUNG SECRET

31

「よいしょ!」座りはおばあちゃん!
座るときはスマートに

日本の女性はまるでトイレに座っているような座り方をするわね。椅子《いす》に「よいしょ！」と猫背で座る。荷物を持って座るときも、膝の上に荷物を抱え込んでいる。電車でもおばあさんのように背を曲げて、私のバッグを取るなと言わんばかりにね。

ホテルやレストランのラウンジで見かけることもあるわ。どの女性も居心地悪そうにソファの端っこにお尻を置いているか、逆に奥に座って仰《の》け反《ぞ》っている。あるホテルでは、若い女の子二人がラウンジのソファで足を大開きにしてて驚いたわ。下着から何まで丸見えだったんですもの。時と場合によって対応しないと、こういう恥ずかしい経験をしてしまう。

座るときは、椅子の前にすっと来て、足をクロスさせて座りましょう。足を長く見せるように心がけるの。ラウンジのソファでは、お尻をちゃんとソファの奥に置いて仰け反らず、しっかり自分を空間に馴染ませるように座るのよ。そうすれば、足も長く見えるし、心地好《よ》さそうに見えるわ。

FOREVER YOUNG SECRET

32

落ち着いて！ゆっくり堂々と動くのよ

日本人は、居心地悪そうにたたずんでいる人が多いのよね。そして、何か言われると、あっ！　と言って慌ててしまう。小走りになったり、歩数が増えてバタバタ音を立てたり、急いで行動しようとしたりするの。緊張すると、おかしな動作をしてしまうのね。これも日本のカルチャーが影響しているのかしら？

私から言いたいことは、まず、ゆっくり動きましょう、行動しましょう、ということね。

手や身体を動かす際はゆっくりと。

目の前から人がいなくなった途端、元の自分に戻ってしまう人が多い、と前に書いたわよね？　それは、どう振る舞っていいかわからない、というのもあるんじゃないかしら？　でも、そういうときは、焦らなくていいのよ。人といるときは、しっかりしているのだから、それとくつろいでいるときの、ちょうど間をとってみましょう。

常に落ち着いて、ゆっくり行動することを心がけるの。

FOREVER YOUNG SECRET

33

エレガントな日本の女性たちへ。意見ははっきり伝えましょう

日本の女性の素晴らしいところは、とてもエレガントだということ。皆、高い教育を受けている。そして、ジェントル、とても優しいわ。人のことを思いやり、敬っている女性が多いわね。

だけどそこが欠点でもあるのよ。あまりにも人を敬いすぎて、優しすぎて、遠慮してしまうの。そうして自分の意見をうまく伝えられなくて、時間を無駄にしてしまっている。

意見を言うことを失礼だと考えてしまうのね。

日本では、謙遜や慎ましさを重んじるし、特に女性が意見をはっきり言うと、生意気に思われることもわかっています。

でもそれは全く逆なのよ。あなたの考えをはっきり言ってくれないと、先に進めないの。あなたが物怖《ものお》じすることで、それが迷惑になってしまう。

これは前にも書いた、公の場での落ち着きのなさや自信のなさと、問題の根が同じだと思うの。自分に自信を持ってリラックスしましょう。怖がらないで、はっきりとあなたの考えを言ってちょうだい。

FOREVER YOUNG SECRET

34

後輩に冷たくすると
シワが増えるのよ

日本の社会には、先輩後輩の関係があるわね。職場での女性の環境を見てると、先輩の女性たちが、若い後輩に冷たくあたって、ストレスを与えていることがある。若さに対するジェラシーがあるのかもしれないけど、お互い精神的に健やかじゃないわ。

私のオフィスでは、私以外みんな若い女性ばかり。彼女たちはミニスカートや、私のできないファッションを楽しんでいて、若い子って得なことが多いなって思うわ。でもそれと同時に、年齢を感じずファッションについて話したり、くだらないジョークで笑ったりもするの。そして年齢に関係なく、ゴミの片付けやトイレの掃除、食器の片付けを、気づいた人からやっています。先輩後輩をきっちり分けるよりも、フェアな関係を保つ方が大事なの。

というのはね、年上の先輩が後輩に態度を悪くすると、その意地悪な表情がそのままシワになるのよ。ますます年をとって見えてしまうの。

これを読んだら、皆さんの上司や先輩に、「ここのページ、読んでください」って見せてあげてね（笑）。

FOREVER YOUNG SECRET

35

ファッションテーマに年齢は関係なし！

洋服やアクセサリーを選ぶときは、テーマを見つけましょう。このワンピースがかわいいから、この指輪が好きだから、とアイテムごとに選んで身につけるんじゃなくて、例えばテーマをフォーマルにするんだったら、カジュアルな木のブレスレットは避けて、洋服もアクセサリーも全部フォーマルなもので統一する。

日本でよく見かけるのは、ピアスはとってもかわいいロマンチックなものを身につけているのに、スタッズ付きのバングルもしていたり、かっこいいTシャツを着ていても、お母さんから借りたような靴を履いていたり、というちぐはぐな服装ね。

テーマは、自分で感じたものを選んでちょうだい。そして一つだけにしぼらないこと。日によってかわいい系を身につけるのか、クール系か、またはヒッピー系か。感じたままに、選ぶのよ。

自分に合うテーマを一つに決めつける必要はないわ。それは年齢も同じ。二十五歳の女性が着ている服を、五十歳が着てもいいのよ。ただし、サマードレスみたいな丈の短い服には、下にジーンズか何かをはいて。

膝や肘のシワは、足首や手のシワのように一番年齢が出てしまうの。

化粧をするわけにはいかないので、隠しましょう。こうして着こなし方を変えれば、何歳になっても着たい服にチャレンジできるわ。

FOREVER YOUNG SECRET

36

人の真似をしないで。
自分のファッションを見つけるのよ

日本の女性は、雑誌と同じ服装をしがちです。そのスタイルは三つに分けられるわ。一つは原宿や渋谷にいる〝ぶっとんだ〟、クリエイティブなファッション。そして銀座や丸の内タイプ、ＣａｎＣａｍタイプのファッション。あとはコンサバティブなファッション。でも、スタイルはこの三つだけとは限らない。いろんな外国のファッション雑誌を読んで、幅広くスタイルを知ることね。雑誌をペラペラ眺めるだけでも参考になるはず。

そしてブームをとらえてちょうだい。東京もファッションの発信地かもしれないけど、やっぱり外国の雑誌は勉強になります。

ちなみに、今の旬は明るいアイライナーやシャドウよ。鮮やかな青をとり入れてみて。ファッションは、ネイティブアメリカン系のボヘミアンスタイル。二十代でも五十代でも着られると思うわ。私は、ネイティブアメリカンの絵が入ったイヤリングを愛用中よ。

買い物に行く前は、こうした情報を摑んでおいてね。お店の人に聞いても、みんなが好きな安全な色しか勧めてこないから。それって決して新しくないし、つまらないわ。

FOREVER YOUNG SECRET

37

年齢に合った服じゃない、年齢に合った着こなしを探して

年をとってもファッションを自分で研究する。それは大事なことよ。年齢に関係なく、雑誌やネットにはヒントがたくさんあるわ。

かつてミス・ユニバースのファイナリストたちには、自分のスタイルブック、好きなファッションの切り抜きを貼った本を作らせていたの。そうするとコピーではない、それぞれの好きなスタイルが生まれてくる。最初はみんな、先入観で同じ髪型に同じようなメイクでオーディションに来るんだけど、そのスタイルブックを宿題に出すと、それぞれ違うものを持ってくるようになる。なので、周りがどう思うかで洋服を選ぶのではなく、自分で、どのスタイルが好きなのかを考えてるべき。

年を重ねれば、年齢にふさわしい格好を、と言われるけど、これはヨーロッパでも同じね。例えば、年を重ねた女性がホットパンツに胸ががっつり開いたキャミソールを着るとびっくりするけど、それはその人に教養がないだけ。大事なのは年齢に合った服を着るのではなく、年齢に合った着こなしをすることなのよ。

年齢ごとに、着こなし方を変えることがポイント。

ちなみにホットパンツにキャミソールは、たとえ二十歳の女性でも教養があれば着ないわ。あくまで、ものの譬《たと》えよ。

FOREVER YOUNG SECRET

38

黒い服にはご用心！

二十代のときに着ていた服と、五十代になって着ているものは変わっていない。私は若いときに着ていた服を最近再び取り出して着ることがあるわ。

じゃあ何が一番変わったかといえば、それは色ね！

二十代の頃は黒い服を身につけることが多かったけど、四十、五十を過ぎたら、暗い色やくすんだ色は避けるようにしてます。

年をとると派手な色に遠慮して、暗い色ばかり選ぶ女性もいるけど、黒は若さに映える。五十代が着るとつまらなく見えてしまうの。もし黒なら、デザイン性があるものをオススメするわ。

代わりに、夏なら白、冬はベージュやブラウン、オレンジを試すとよいわ。

華やかで若々しく映えるので、派手と思わないで、どんどんトライしてね。

FOREVER YOUNG SECRET

39

素敵なヘアスタイルこそ、最高のアクセサリー

年をとってからの最高のアクセサリーって、実はヘアスタイルだと思っているの。自分にぴったりのスタイルが見つかれば、若々しく綺麗に見える。これってアンチエイジングにおいて大切なことよね。

じゃあ、自分にぴったり合うヘアスタイルを探すにはどうするか。自分でヘアスタイル候補を調べて、美容師にオーダーすることね。

コツは一つじゃなくて、複数候補を見つけて、常に自分を綺麗に見せられるスタイルを、その中から見つけるの。一つだけ決めておいても、髪質や、その日の体調、ファッション、それにムードによって断られちゃったりするから。

あとは髪を染めるのはいいけれど、おしゃれでないとね。極端に明るいオレンジや紫は、正直お年寄りのイメージを強く出してしまうわ。

髪を切るにしろ、染めるにしろ、年齢にふさわしいスタイルかどうかをしっかり見極めましょう。

FOREVER YOUNG SECRET

40

ファッションポリスから下着選びのアドバイスよ！

ドレスやパンツからすけて「見える」ショーツほど醜いものはないわね！

ショーツはヒップ全てをおおうような大きいものをはいてはダメよ。なぜならぴったりとした服を着るときに、服の上にラインが出てしまうから。そしてショーツのウエストが深いと、浅いジーンズをはいてしゃがんだときにその一部が出てしまう。ヒップ全体が薄くて、フラットに見えてしまうわ。

ショーツはTバックやGストリングがマストよ。極力、服の上から見えないものを。後ろ姿を最大限美しく見せてくれるものを選んでちょうだい。

ショーツに限らず、下着は着け心地がいいものを選ぶ女性が多いわね。でも着け心地がいい下着って、セクシーじゃないものばかりなの。これだと全く魅力的じゃないわ！

バストならバスト、ヒップならヒップの形が綺麗に見えるものを着けなくちゃ。

FOREVER YOUNG SECRET

41

プラダのバッグを買う前に、歯の治療を！

十五年前に来日したとき、日本の女性は手で口を隠して笑っていたわ。最近はそういう女性を見ることは少なくなったけど、笑い方を知らない女性は未だに多い。それは歯を治す習慣がないので、歯にコンプレックスを持っているからなの。そのせいで、人前で笑えない。

インテリア家具やブランドのバッグを買う前に、まずは歯を治すべきよ。だって人が見るものだから。そうすれば笑顔に自信がついて、もっと綺麗に笑えるはず。

私の場合は、メンテナンスとして二年に一回、病院でホワイトニングをしているわ。あとは家でもホームホワイトニングといって、ジェルを塗ったマウスピースをはめています。

あとは若い日本人、たまに中年の人でも見かけるけれど、あごが小さいわりに歯が大きくて、歯並びがガタガタになってしまっている人がいるわね。私はよく「かわいい恐竜」と呼んでいるの。噛み合わせが悪いと、歯ぎしりや偏頭痛の原因にもなるのよ。年齢を重ねると歯茎が痩せてくるから、さらに歯並びが悪くなってしまう。

そんな風になってしまう前に、しっかり歯の治療をしましょう。

FOREVER YOUNG SECRET

42

ココナッツオイルは美の万能薬

歯のケアでもう一つオススメしたいのが、ココナッツオイルを使ったマウスウォッシュよ。ココナッツオイルは自然の抗生物質と呼ばれているの。オイルは必ず、エクストラバージンオイルにしてね。

このオイルで、口を十分から二十分ほどゆすぐだけ。私はココナッツオイルで歯も磨いているのよ。便利な方法は、ティースプーン一杯分ぐらいのオイルを小さなボトルに入れて、通勤中にマウスウォッシュをするもの。時間の節約にもなるし、オイルは食べ物だからそのまま飲み込めるわよ。そうすると口や歯の間の細菌を殺してくれる。歯が強くなって、ホワイトニング効果もあるわ。

ココナッツオイルは今、私が夢中になっているアイテム！

値段も高くないから、大きいボトルでの購入を、ぜひオススメするわ。料理にも使えるし、髪のトリートメントとしても使える。洗う前にしばらくつけて置くと、髪が綺麗になるのよ。お風呂上がりのボディケアにも使えるし、クレンジングもＯＫ。

実はハリウッドセレブリティの多くは、このマウスウォッシュをしているんだけど、あんまり知られてないわよね。セクシーなイメージがないから内緒にしているのよ（笑）。

FOREVER YOUNG SECRET

43

シャンプーは髪の動きが出るものを

髪は毎日洗うものだから、シャンプーとコンディショナーは大事よね。毎日どんなプロダクトを髪につけるかは重要なこと。

私は髪がすごく細くて、猫っ毛なの。だから、保湿がしっかりしすぎていたり、モイスチャー成分が強いシャンプーだと、髪全体が重くなって、ぺたっとなってしまう。これだと髪に動きが出ないから、逆に髪に動きを出すシャンプーやコンディショナーを使っているわ。私と似た髪質の人も、ぜひ使ってみて。

逆に髪のボリュームがある人は、保湿がしっかりしているシャンプーを使って、髪の量を抑えてあげてね。

髪質と量に合わせて、シャンプーとコンディショナーを替えるのよ。

髪のトリートメントは、前に書いたとおり、必ずココナッツオイルを。髪にオイルを浸透させて、ちょっと置く。

私の場合、通勤前にもココナッツオイルをつけたりするわ。

香りもいいし、ココナッツオイルにすっかり恋しているのよ（笑）。

FOREVER YOUNG SECRET

44

過度なカフェインは禁物よ！

シワやたるみを完璧に防げる方法があったら、私が教えてほしいくらいよ（笑）。

でも気をつけてほしいことが四つあって、まず栄養がとれる食事をすること。二つ目は、ダイエットをするときは急ではなく、ゆっくり時間をかけるプランにすること。三つ目は、よく寝ること。そして四つ目は、水をたくさん飲んでちょうだい。

アルコールは控えめにね。コーヒーと日本茶も、ほどほどがいいわ。

どれも飲んでもいいけど、飲みすぎないようにして。カフェインは身体に二つ作用していて、一つはとった栄養分を流してしまうので、逆に栄養不足になってしまう。

そしてもう一つは、カフェインやアルコールを飲むと、肝臓が縮んでしまうの。

肝臓はフィルターの役割を持っているので、それが縮んでしまうと、身体の自然なデトックス力が落ちてしまう。

デトックスできずに体内にたまった毒素は、シワの原因にもなるから、なるべくためないようにしてね。

FOREVER YOUNG SECRET

45

ダイエット中はバッグに
リンゴを忍ばせて

若いときは、食べる量を少し減らしただけでも痩せられたけど、ある程度の年齢になると、そうもいかないわね。

それでもダイエットしたいときは、食べる量よりも質を気にしてね。前に書いたとおり、砂糖や加工食品はなるべく避けること。

そしてバッグの中に、オーガニックのリンゴを一個入れておきましょう。お腹が空いたら、それを食べるの。

フランスには、毎日リンゴを一個食べれば医者いらず、という言葉があるのよ。それぐらいリンゴには栄養素が入っているし、繊維質も豊富でお腹にたまりやすいの。

これって、昔からフランスのおじいさんやおばあさんが言っている言葉なんだけど、お年寄りがみんな同じことを言っているってことは、信憑性《しんぴょうせい》があると思わない？効き目を信じてやってみてね。

FOREVER YOUNG SECRET

46

梅干しおばあちゃんになりたいの？
鼻の下は乾燥厳禁

肌のお手入れで気をつけてほしいことは、できるだけナチュラルなものを使うということ。肌は最も表面積が広い器官なの。皮膚に塗ると、そこから血液の中に入ってしまうことを意識して。

私はまずオイル系、アルガンオイル、ココナッツオイル、オリーブオイルをよく使います。もちろん全てエクストラバージンよ。あとお風呂が好きだから、エッセンシャルオイルを入れて香りを楽しみます。化粧品はオーガニックのものを。

そして心がけていることは、目の下と口の上のケア。洗顔後だけではなく、一日に何回もクリームをつけています。年をとると気になるのは、特に鼻と口の間。だんだん縦線が出てきて、梅干しおばあちゃんみたいになってしまうのよ（笑）。そうすると一気に老けて見えるから、乾燥しないようにクリームを塗っているの。

時間がないときや、クリームを忘れたときは、ニベアのリップスティックで代用よ。目の下と口の上には、確実に年齢が表れるので、とにかく乾燥させないことね。

ほうれい線については、正直言ってお手上げ。頬にコットンでも詰めたくなるわ（笑）。

FOREVER YOUNG SECRET

47

毎日のマッサージは自分へのごほうび

若い頃から美容やファッションの勉強を続けてきたから、マッサージが女性にとってどれだけ大切か、よく知っています。

私のルーティンは顔にクリームを塗るときに、顔や首のリンパもしっかりマッサージすること。毎日やることが大事ね。むくんでいるときは、顔を小さくするマッサージもするわ。

これに加えて、エクストラバージンのオイルやクリームを使って、ボディマッサージもします。これをするとてもリラックスして、ラグジュアリーな気分になれるわ。このときもリンパマッサージをして、太ももの裏のセルライトをほぐして流してあげるの。指圧のように重くしっかり流してあげるのよ。

あとは忙しくて毎日は無理だけど、暇ができたときは一週間に一回、できたら二回マッサージのお店に出向くの。日本にもあるような指圧のお店。

ささやかな自分へのごほうびを忘れないで。

FOREVER YOUNG SECRET

48

太陽は大事なビタミン剤

日本の女性は美白にとても熱心よね。夏になると、みんな日焼け止めを塗ったり、日傘を差したりと、一生懸命よ。でも外国人の私から見ると、日光を浴びなさすぎるわ。太陽を浴びないと、ビタミンDが体内で作られない。何度も言っているけど、ビタミンDは骨を強くしてくれる欠かせない栄養素なのよ。

ヨーロッパでは、冬は太陽を浴びにくいから、学校からビタミンDのサプリをもらったり、学校の栄養士が保護者に対してビタミンDをしっかり与えるようにと教えているわ。でも日本では、そういうトリートメントがされていないわね。

女性は将来、骨粗鬆症《こつそしょう》になりやすいのに、日焼けを気にしすぎ。せっかく太陽が出ていても、ビタミンDを作るのが難しくなっている。紫外線の浴びすぎはよくないけれど、適度な日光浴はすべきね。日傘は差さないで、思い切ってそのまま外を歩きましょう。

外出のときは日焼け止めをつけるべきだけど、プロダクトによって成分が違うから、そこは気をつけること。毎日身体に塗ると皮膚に吸収されるから、人工的に作られた薬品はできるだけ避けて。これは美白用の化粧品にも言えることだから注意してね。

FOREVER YOUNG SECRET

49

自信を持つことで、新しい恋を手に入れる

恋愛については、いろんな悩みがあるわよね。でも例えば、恋人との出会いがないって言われても、私には意味がわからないわ。仕事が忙しくて相手がいないなら、インターネットで探してみたら？　冗談じゃなく本気で言っているのよ。たくさんの男女が、配偶者や恋人、友達をネットで見つけているわ。

もしシャイで行動できないというのなら、自分に自信をつけなきゃダメね。自分の長所を書き出して、自信を取り戻しましょう！

チャームポイントがない人なんて、この世にいないのよ。

これは現状、恋愛がうまくいっていない女性にも言えることね。自信がないと、つい男性にすがってしまうけど、うまくいかないなら次に行くしかないの。彼を変えようと思ってはいけないわ。

そして一回休みましょう。自分のことを、時間をかけて考えてあげるのよ。だって変な男に捕まっている間に、いろんな出会いを逃していたのよ？（笑）

それがやっと終わったのなら、時間をかけて周りを見てみましょうよ。

FOREVER YOUNG SECRET

50

結婚しても出産しても、あなたはパートナーの恋人なの

カップルや夫婦で一番大事なのは、恋人のスタンスを忘れないこと。たとえ結婚して奥さんになっても、出産してお母さんになっても、基本は夫の恋人なの。

例えば子供が生まれたからといって、子供につきっきりで一緒に寝るようになってしまったら、妊娠中から夫とはずっとセックスできずにいることになる。夫との間にあった初々しさはなくなってしまうわ。常に恋人としての関係を保つべきよ。もちろん、夫も努力しなくてはいけないけれど。

子供がいるからといって、女性が子供に全てを捧げる必要はないわ。そんなことをしてたら、あなたと夫との関係は終わってしまう。いずれ子供が独立してまた夫と二人きりになったとき、あなたは「子供のお母さん」でしかないかもしれないわよ？

二人が愛し合っていること、お互い尊敬し合っているということを子供の前で見せるのも、子供の教育上素晴らしいことだわ。そういう親を見ることで、将来こんな夫婦になりたい、こういう家族を作りたいって思ってくれるもの。

FOREVER YOUNG SECRET

51

たった一回のマスカラを怠らないで

カップルや夫婦で恋愛関係を維持するには、毎日の生活の中で小さな努力を怠らないことよ。

例えば、結婚すると家の中で、古びた洋服やパジャマを着て、ノーメイクで過ごしてしまう女性がいるけど、それじゃあフレッシュさが失われてしまうわ。夫が帰ってくる頃には、マスカラだけでも塗ってほしいわね。完璧なフルメイクをする必要はないけど、簡単なことをこつこつやる。

そして日本の夫婦は子供が生まれると、お互いをお父さん、お母さんと、親子間の呼称で呼んでしまうけど、それって恋人でいることを諦めることだと思うの。恋人から親になってしまったら、セックスもしなくなってしまうわよね？

つき合っていた頃の気持ちを忘れないことは、長く夫婦でいるためには大事なこと。お互い諦めずに、リレーションシップに対して働きかけるようにしましょう。

FOREVER YOUNG SECRET

52

愛し愛され生きるのよ

愛し愛されることって、どんな人にとっても生き甲斐《がい》になるんじゃないかしら？

もちろん私も愛から生き甲斐を感じるわ。

パートナーや夫を愛し、愛される。お互い愛し合っている。子供たちからも愛されている。きっと大勢の人が、私を愛してくれていると思うの。

仕事や趣味が、生き甲斐の人もいるかもしれない。でも、家族や友人から愛されて、愛に囲まれていることを感じないと、人生って意味がないわ。

多くの人が、自分には愛情があると思っているんでしょうけど、それは自分が愛していることにしか向いていていない。そうじゃなくて、周りに愛されていることを感じることね。私にとって人生を生きる上で、大事な糧になっているわ。

FOREVER YOUNG SECRET

53

自分の理想が明確かしら？

人生の目標って、まずそれ自体を理解していない人が多いわね。自分が何をしたいのか、何が好きなのかってことをよく考えて、それに向かっていかないと。そこをはっきりさせないと、具体的な行動を見つけにくいから、達成への道のりが長くなってしまうわ。

恋愛で譬えると、どんな男性が自分の理想かを、まず自分で考える。

そうして次は、その男性に近づけるバスや電車に乗ろうとすればいい。レーンに移ればいい。

そのときにミスをするのは当たり前よ。でもミスを何回も繰り返さないと、チャンスは訪れないの。何回もチャレンジした末に、結果が出るわけよね。

まだ目標を見つけられずにいる人は、まずは自分の理想を明確にすることね。

時間をかけて、しっかり自分自身を吟味する。

具体的な行動は、そこからよ！

FOREVER YOUNG SECRET

54

海外に飛び出しましょう！
チャンスは無限よ

仕事というのは、自分が一番興味を持っていること、一番したいことをやらなきゃダメよ。多くの人は、やりたくもない業界に入って、そこから抜け出せなくなっちゃっているわね。例えば私の国フランスの場合、景気が悪いと仕事自体がなかなかなくて、やりたくない仕事をせざるを得ないけど、私は、アジアはまだブームがあって、チャンスがあると思っているの。仕事を選べる可能性がある限り、自分がやりたい業界に入るべきよ。

シングルでまだ家庭を持っていない女性であれば、海外で一、二年働くことを、強くオススメするわ。というのも、日本はそのカルチャー、社会のサイクルが固定化されているから、新しいチャンスを得ることが難しい。新しい仕組みを求めなくても、経済が回っているから、若い人が学べる機会がないの。だけど海外に行って、数ヶ月、一、二年でもいいから過ごせば、経験したことがないことをたくさん学べるわ。

シングルの人はぜひ考えてみて。

FOREVER YOUNG SECRET

55

家事はお金を払ってでも、手伝ってもらうべきよ

私は家でお手伝いさんを雇っているわ。彼女には、子供たちの世話をはじめ、何でもやってもらっているの。彼女はとても賢くて、本を読んだり、新聞やサイトでニュースをチェックしたり、私が教えた栄養の知識や、食品のラベルの読み方をしっかり吸収してくれて、とても頼りにしている。

もしお金があって、少しでも余裕があったら、ヘルパーや家政婦を雇うべき、と私は思っているの。仕事柄いろんな国に滞在したけど、どの国もお手伝いさんは当たり前にいたわね。でも日本だけは、家政婦を雇う習慣があまりないでしょう？　なぜ、そういう環境なのかは、私にはわからないわ。おそらくそれは文化の問題で、専業主婦の女性は、お金を払って自分の仕事を他人にやってもらうことに罪悪感を抱くのでしょう。

だけど、家事は重労働よ。主婦の仕事は、会社勤めと同じぐらいハードなの。固定観念にとらわれず、お手伝いしてくれる人がいてもいいと思うわ。

FOREVER YOUNG SECRET

56

安心して休んでちょうだい。世界は何も変わらないわ

ストレスがない人間なんていないわ。自分でストレスを感じているんだってことを理解してあげなきゃね。そして身体を休めてあげなきゃ。

私は日々の生活でストレスがたまって体調が悪くなってしまったら、しっかり休むわ。仕事を一日だけ、半日だけ休んでも、世界が終わるわけじゃない。

だから家に帰って、しっかり休むの。携帯電話やパソコンをオフにして、面白い映画を観てもいい、とにかく身体を休めてあげる。大事なのは、それに罪悪感を持たないこと。次の日に起きたら、世界はいつもどおりよ。そしてまた新しい一日が始まるの。

特に日本人は、欠勤したり、オフィスを早退したりすることに余計なストレスを感じてしまう傾向があるようね。休むことは罪ではないのにね。せっかく休んでも、携帯もパソコンもチェックし続けるから、ゆっくり休めない。思い切ってしっかり休息する。

ストレスに関して、これが今、私が言えるベストなアドバイスね。

FOREVER YOUNG SECRET

57

寝るときは、電子機器をシャットアウト！

パソコンやテレビを見るのは、寝る二時間前までにしましょう。液晶を見ていると、目から脳を刺激して身体を起こしてしまうから。オフにしたら、あったかいお風呂で身体を温めたりして、寝る準備をしてあげる。そうすることが、いい睡眠をとるポイントよ。

あとは若い人に多いと思うけど、携帯電話をアラーム代わりにして枕元に置くのはやめて！　これって電池に頭を突っ込んだり、電磁波で頭をグツグツ調理しているようなものよ。眠れない原因になるわ。これを読んだらすぐに、百円ショップでもいいので目覚まし時計を買ってちょうだい。電磁波を発する機器をベッドの近くに置くのは、極力やめましょう。

そして部屋で寝るときは、全ての明かりを消すこと。ライトがついていたら、身体が起きてしまって、よく眠れない。人って、日の出とともに起きるでしょ？　だから夜は明かりを消して、自然の光で目覚めなきゃね。

FOREVER YOUNG SECRET

58

自分に正直になるのが一番のストレス解消法

気分を変えたいときやリラックスしたいときは、まずネガティブで落ち込んだ考えを持っている人に近寄らないことね。そして仲がいい友達と過ごしましょう。「今から家に来ない？」と電話で誘ったり、カジュアルな格好で夜、外に出るのもいいわね。要はポジティブな環境に自分を置いてあげるということ。

そして正直に自分が感じたまま行動するの。

例えば、家に綺麗なバラが飾ってあったとして、バラをただ眺めるだけではなく、どんな匂いがするんだろうと、そのまま近づいて嗅《か》いでみる。ある朝は、起きてすぐに「アメリカン・アイドル」を二十分ぐらい観ていたことがあったの。それが、そのときの私の気持ちだったのよ。ちょうどこういうオーディションをしたいってアイデアを温めていた頃だったから、この番組を観られたわずかな間にハッピーになれた。乗馬がしたい、散歩がしたいと思ったら、そのとき感じたままにトライしているわ。

こうやって自分の気持ちに正直になって、ハッピーな自分を作るのも、いいリラックスになると思うの。

FOREVER YOUNG SECRET

59

もめ事は無視して、次よ！

何か問題にぶつかったときは、もうただ無視するのよ。そして、次に行くの。よく聞かれるわ。「イネス、なんで、そんなことができるの？　私にはできないんだけど」って。

例えば人間関係に問題が起こったとして、友達と何回もけんかしているとするわね。もしそれが続くようなら、次に行くしかないのよ。ネガティブな気持ちでずっとぶつかっていても、自分が不幸せになって時間を無駄にするだけだわ。「はい、次！」としか、考えられない。

仕事に関しても同じことね。人間関係にしろ何にしろ、問題の前にはサインがあって、次にもっと大きな問題が起きる。それをよく観察すれば、「あ、これは今、一生懸命解決しようとしても、また繰り返される」って、わかる。そうしたら、スルーしてしまえばいい。

他人があなたの時間を無駄にする権利はないわ。誰だって、あなたの時間を拘束することはできないの。

友達であったり、上司であったり、部下であったり、環境であったり。相手側を変えようとしても、それはできないの。だったら無視して、次に行きましょう。

FOREVER YOUNG SECRET

60

年をとっても、
未来を見つめていくの

年をとることを一言で言えば、"It sucks!（最悪）"よ（笑）。

でも今五十歳で、二十歳のときはこうだったのに、と考えるんじゃなくて、将来のことを考えましょう。二十年後の七十歳のときはこうなるけど、自分はまだまだだわ、ラッキーって。

コップ一杯の水があって、それを半分飲んだとするでしょ？　そのとき、もう半分しか残ってないって考えるんじゃなくて、まだ半分もあるんだっていう考え方ね。五十歳までに死んでしまう人もたくさんいるわ。四十歳で乳がんになったりね。そういう人たちのことを考えると、自分はまだ健康に過ごせている。二十年後は死んでしまうかもしれないし、どんな姿になっているかわからないけど、自分はまだ幸運だって思えるの。

逆に私が尊敬するスーザン・ソマーズのような人を見ると、自分より二十歳も年上だけど、まだまだ若くてハッピーに生きている。こんな輝いた未来があって、そのために今、自分ができることを考えれば、将来が明るくなると思わない？

年をとることを悲観しないで。いつも先を見つめましょう。

FOREVER YOUNG SECRET

61

内面を磨くことが、最大のアンチエイジング

人生で大切なことは愛。愛することが一番ってはっきり言えるわ。私はクリスチャンの家に生まれて、クリスチャンの教育を受けたけれど、今の心の中は仏教徒に近いように思えるわ。

人に愛情を分け、人を尊敬する気持ちが常にあります。たとえ世界中のお金を手に入れたとしても、健康と愛がなければ生きていけないの。

これは内面の美しさ、インナービューティーにつながることよ。これはとても大事なことで、性格が美しければ人はあなたを愛するし、あなたもさらに人を愛することができる。

外見の美しさは、若いときにはあって当たり前。年齢を重ねるにつれ、なくなるのは仕方がないこと。その後、最後の最後に女性に残るもの、それが、内側から出てくる美しさなのね。

おしゃれな服を着たり、肌のケアをしたり、健康的な食事をして、サプリメントを飲んだりすることも、全てはこのインナービューティーを磨くことにつながっている。それを意識しましょう。

インナービューティーこそ、アンチエイジングの最大の秘訣です。

カバー写真
TISCH

ブックデザイン
アルビレオ

編集協力
橋岡一夏

協力
磯貝昌彦
(タイムラインエージェンシー)

美馬寛子
(ドリームファクトリー)

岸本佳子
(聖マリアンナ医科大学放射線科・対馬ルリ子ライフクリニック銀座)

Inés Ligron

イネス・リグロン

フランス出身。
1993年世界的モデルクラブIMG Modelsの
アジア・パシフィック・ディレクターに任命される。
IBG（インターボーテグループ）を設立。
98年ミス・ユニバース・ジャパンのナショナル・ディレクター就任。
2003年宮崎京を世界大会5位に、06年知花くららを世界大会2位に、
07年森理世を世界大会1位に導く。
自身もベスト・ナショナル・ディレクターとして表彰される。
現在、シンガポールを拠点に活躍中。

F O R E V E R Y O U N G

フォーエバー・ヤング
イネス式アンチエイジング 61の秘密

2015年1月10日　第1刷発行

著者　イネス・リグロン
発行者　見城 徹
発行所　株式会社 幻冬舎
〒151-0051 東京都渋谷区千駄ヶ谷 4-9-7
電話 03(5411)6211(編集) 03(5411)6222(営業)
振替 00120-8-767643

印刷・製本所　株式会社 光邦

検印廃止

Printed in Japan ISBN978-4-344-02692-6 C0095

幻冬舎ホームページアドレス http://www.gentosha.co.jp/
この本に関するご意見・ご感想をメールでお寄せいただく場合は、
comment@gentosha.co.jpまで。

FOREVER YOUNG ALBUM

FASHION CHECK!

毎年11月の2週間をハワイで過ごす。
ザ・カハラホテルで朝食前の一枚。

通勤前にファッションチェック!

スペインのビルバオにて。ホリデーでも携帯電話は鳴ります。

シンガポールで男の子モデルとしてスカウトした10代の女の子とともに。

2009年のミス・ユニバース・ジャパンのバックステージにて。

神戸コレクションにて。Tシャツとの
組み合わせがクールでしょう。

ハワイ滞在中、家族と。

お気に入りのアクセサリー。
旅先にも30種類くらい持っていくわ。

W O R K S

レスリングの吉田沙保里選手を華麗に変身!
びっくりするほど美しくなったわよ。

シンガポールで。
仕事の合間に夫とランチ。

シンガポールの自宅で
メールチェック中。

ベストフレンド、ジョゼと。元モデル。
かつて一緒に仕事した仲間よ。

彼女はミス・インドネシア。個性的なワンピはグッチよ。ミス・ユニバース世界大会（inロシア）に向けて。

鏡の前でselfie。

ミス・シンガポールと、一緒に仕事をしているHiroko（美馬寛子さん）と。

シンガポールの仕事場よ。

PRIVATE

夫とモロッコへ。摂氏50度の砂漠の真ん中。

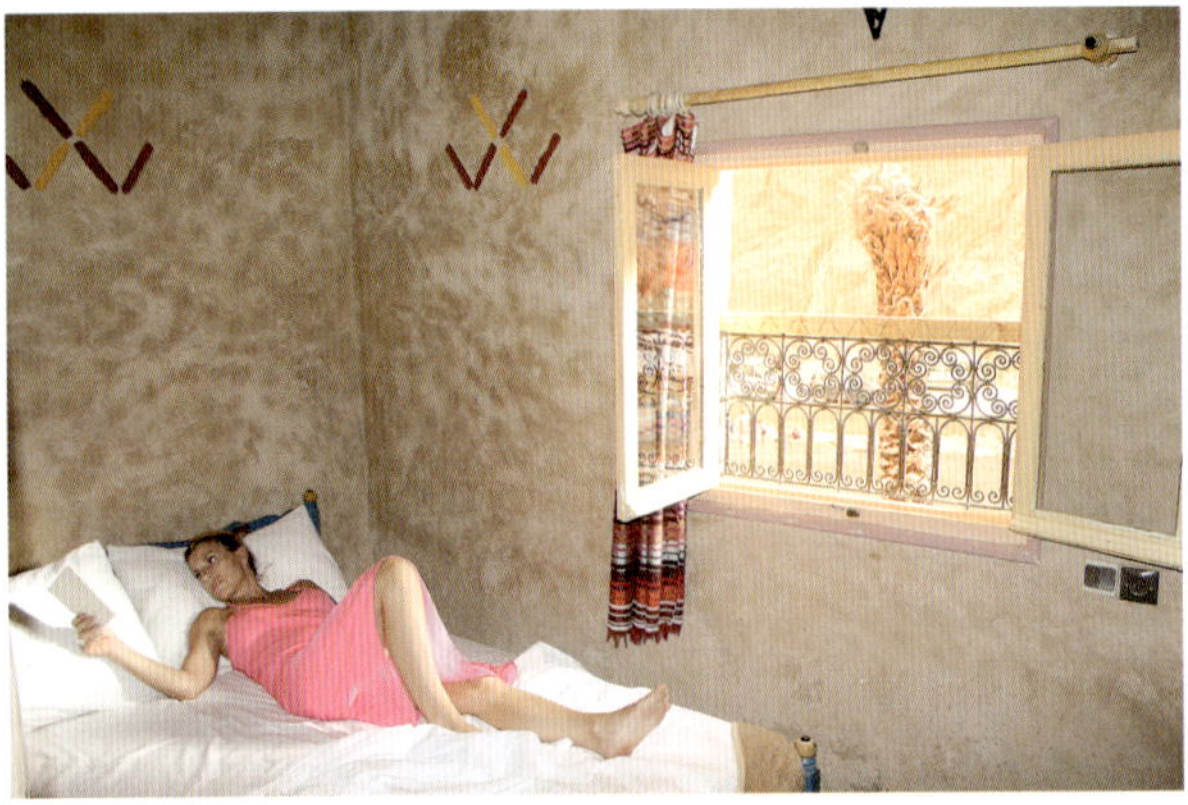

モロッコでサンド・スキー。

ポロを練習した後、
馬にシャワーを。

18歳のとき。

結婚する1年前。夫のKenと。

ロンドンオリンピック観戦。
家族と。

6ヶ月の三男に本を読み聞かせ中。

HISTORY

F A M I L Y

©Leslie Kee